Sieglinde Holl

Weihnachtlich geschmückt

Stimmungsvolle Dekorationen und Karten

frechverlag

Nikolauskopf

Abbildung Seite 1

- ***Tonkarton in Rot, Aprikose und Weiß***
- ***Filz in Rot und Weiß***
- ***Watte***
- ***Filzstift in Schwarz***
- ***Lackstift in Weiß***
- ***Bleistift***
- ***Schere***
- ***Alleskleber***
- ***Haarspray***

Übertragen Sie die Gesichtsteile vom Vorlagenbogen auf den entsprechenden Tonkarton, und schneiden Sie diese aus. Die Mütze, der Mützenrand und der Pompon werden auf Filz übertragen und ausgeschnitten. Bekleben Sie nach dem Falzen die Mütze mit den Filzteilen.
Auf dem Kopf Augen, Augenbrauen, Nase und Mund aus Tonkarton anbringen. Die Watte mit Haarspray einsprühen, so lassen sich Haare, Augenbrauen, Schnurrbart und Backenbart besser formen, bevor die Watteteile aufgeklebt werden (Haare und Brauen auf das Gesicht, Schnurr- und Backenbart auf die entsprechenden Tonkartonteile). Anschließend Bartteile und Mütze auf dem Kopf fixieren.

Orange als Tischleuchte

Abbildung Seite 3

- ***Orange***
- ***Teelicht***
- ***Löffel***
- ***Küchenmesser oder Cuttermesser***
- ***Holzbrett***
- ***Altes Küchenhandtuch***
- ***Bleistift***

Das obere Drittel der Orange abschneiden und das Innere der Orange herauslöffeln. Ein Küchenhandtuch in die Öffnung stopfen, beliebige Motive (oder nach Vorlage) mit einem Bleistift auf die Orangenschale zeichnen und die Motive mit einem scharfen Küchenmesser oder Cuttermesser vorsichtig ausschneiden.
Nun noch ein Teelicht in die Mitte stellen und schon ziehen weihnachtliche Düfte durch das Haus.

Der auf dem Titel abgebildete Terrakottatopf mit der roten Kugelkerze ist eine Variante des Modells auf Seite 7 (siehe auch Seite 8).

Zeichnungen: Richard Knecht
Fotos: frechverlag GmbH + Co. Druck KG, 70499 Stuttgart;
Fotostudio Ullrich & Co., Renningen

Dieses Buch enthält:
1 Vorlagenbogen

Auflage: 5. 4. 3. 2. 1. | Letzte Zahlen
Jahr: 2002 2001 2000 1999 98 | maßgebend

ISBN 3-7724-2383-3 · Best.-Nr. 2383
Druck: frechverlag GmbH + Co. Druck KG, 70499 Stuttgart

Wenn in der Vorweihnachtszeit gebastelt und das Heim mit Tannengrün geschmückt wird, wächst auch die Vorfreude auf das große Fest.

Einen Advents- oder Türkranz selbst zu binden ist schon lange Tradition. Neue Akzente setzt eine Girlande aus frischem Grün für das Treppengeländer oder den Eingang.

Aus Tonkarton und Wellpappe entstehen schöne Tischdekorationen, Fenster- und Wandbilder. Selbstgemachte Karten und Paketanhänger überbringen liebe Grüße. Und der Weihnachtsmann sorgt, mit Süßigkeiten gefüllt, für eine tolle Überraschung.

Basteln Sie mal wieder mit Ihren Kindern. Ein Apfelmännchen ist nicht nur eine originelle Tischdekoration, sondern auch ein nettes Mitbringsel.

Am besten fangen Sie schon früh an zu planen, dann werden Ihnen die Winterabende bestimmt nicht lang, denn es gibt vieles zu fertigen.

Viel Freude dabei wünscht Ihnen
Ihre

Sieglinde Holl

Türkranz

Abbildung Seite 5

- ***Weißtanne***
- ***Buchs***
- ***Thuja***
- ***Drahtreif, ø 25 cm***
- ***Bindedraht***
- ***Golddraht***
- ***Dekoäpfel***
- ***Zimt***
- ***Sternanis***
- ***Orangenscheiben***
- ***Apfelscheiben***
- ***Zimtsterne***
- ***Peperoni***
- ***Kiefernzapfen***
- ***Ähren in Gold***
- ***Ingwer***
- ***Blätter in Gold***
- ***Hasel- und Erdnüsse***
- ***Eukalyptusglocke***
- ***Bouillondraht***
- ***Zwei Tontöpfe, ø 5,5 cm***
- ***Rupfenband***
- ***Gartenschere***
- ***Seitenschneider, alte Schere o. ä.***
- ***Heißklebepistole***

Kürzen Sie die Zweige auf eine Länge von 10 bis 12 cm. Die dabei entstehenden Reste binden Sie zuerst um den Drahtreif, so erhalten Sie einen Rohling.
Nehmen Sie den Rohling in die linke Hand, befestigen Sie den Bindedraht am Rohling, und binden Sie dann die zugeschnittenen Zweige im Uhrzeigersinn um den Rohling bis dicht unter den Anfang.
Der Anfang wird mit der Hand hochgehoben, damit er nicht mit eingebunden wird. Hängen Sie den Kranz an dem Rupfenband auf.
Bündeln Sie die Zimtstangen mit Golddraht, und kleben Sie Kiefernzapfen, Haselnüsse, Erdnüsse, Zimtsterne und die Eukalyptusglocke in die Tontöpfe. Fixieren Sie diese mit Heißkleber unten auf dem Kranz. Um die Töpfe und seitlich befestigen Sie auf einer Kranzhälfte abwechselnd die oben angegebenen Materialien. Zum Schluß umwinden Sie die Dekoration mit langgezogenen Bouillonfäden.

Blaue Sterne

Abbildung Seite 6

- ***Sternchen-Fotokarton in Blau***
- ***Alleskleber***
- ***Bleistift***
- ***Schere***
- ***Lineal***
- ***Teelichter oder Kerzen mit Untersetzern***

Nachdem Sie die Vorlagen für den Stern auf den Fotokarton übertragen haben, schneiden Sie die beiden Teile aus.
Falzen Sie den Stern mit Hilfe einer Schere und eines Lineals an den gestrichelten Linien. Die senkrechten Falzlinien werden von vorne gefalzt und die diagonalen Linien von hinten. Nach dem Falzen knicken Sie die Sternspitzen so, daß die unteren Dreiecke nach hinten stehen.
Kleben Sie den Stern mit Hilfe eines separat zugeschnittenen und gefalzten Dreiecks zusammen. In die Mitte stellen Sie ein Teelicht oder eine Kerze.

Der zweite Stern wird genauso gefertigt, aber andersherum, d.h. mit den Sternspitzen, auf den Tisch gestellt.

Blaue Sterne

Anleitung Seite 4

Terrakottatopf mit Kerze

Anleitung Seite 8

Terrakottatopf mit Kerze

Abbildung Seite 7

Auf dem Titel sehen Sie eine Variante dieses Gestecks in Rot. Stimmen Sie die Farbe am besten auf Ihre Einrichtung ab.

- ***Tontopf, ø 15 cm***
- ***Steckschaum***
- ***Stumpenkerze in Blau, ø 7 cm, 7 cm hoch***
- ***Erikamoos***
- ***Plattenmoos***
- ***Orangenscheiben***
- ***Apfelscheiben***
- ***Erdnüsse***
- ***Haselnüsse***
- ***Ähren in Gold***
- ***Ingwer***
- ***Kalixpilz***
- ***Rosa Pfeffer***
- ***Lavendel***
- ***Sternanis***
- ***Zimtstangen***
- ***Zimtstern***
- ***Kiefernzapfen***
- ***Keramikengel***
- ***Dekoband in Blau-Gold, 25 mm breit***
- ***Bastelfarbe in Weiß (z. B. TERRAKOTTA-PEN oder Decormatt)***
- ***Metallic-Paste in Gold***
- ***Evtl. Flächenstreicher***
- ***Borstenpinsel***
- ***Kerzendraht***
- ***Golddraht***
- ***Gartenschere***
- ***Seitenschneider, alte Schere o. ä.***
- ***Heißklebepistole***

Grundieren Sie den Tontopf zweimal mit weißer Farbe. Lassen Sie die Farbe gut trocknen. Dann stupfen Sie die Metallic-Paste mit einem Borstenpinsel in kreisenden und geraden Bewegungen auf den Topf.
Stecken Sie den Steckschaum in den Tontopf, lassen Sie ihn ca. 3 cm über den Rand hinausschauen, und schneiden Sie ihn kugelförmig zu.
Bündeln Sie die Zimtstangen und den Lavendel mit Golddraht. Bekleben Sie den Steckschaum abwechselnd mit den oben angegebenen Materialien. Beginnen Sie mit den größeren Teilen, kleben Sie diese auf den Topfrand, und arbeiten Sie von außen nach innen. Dazwischen stecken oder kleben Sie das Erikamoos.
In die Unterseite der Kerze werden vier Abschnitte Kerzendraht gesteckt. Die Kerze auf dem Steckschaum plazieren und die Zwischenräume mit etwas Moos verkleiden. Nun können Sie das Dekoband um den Tontopf binden und es vorne abknoten. Die Bandenden werden schräg abgeschnitten.

Adventskranz

- ***Weißtanne***
- ***Buchs***
- ***Thuja***
- ***Drahtreif, ø 25 cm***
- ***Bindedraht***
- ***Golddraht***
- ***Orangenscheiben***
- ***Apfelscheiben***
- ***Bienenwachswaben***
- ***Dekoäpfel***
- ***Erdnüsse***
- ***Zimtstangen***
- ***Sternanis***
- ***Kiefernzapfen***
- ***Hagebutten***
- ***Baumrinde***
- ***Baumpilze***
- ***Blätter, getrocknet***
- ***Rebenstern, ø 12 cm***
- ***Trockenfrüchte***
- ***8 Teelichter***
- ***8 Tontöpfe, ø 5,5 cm***
- ***Rundholz, ø 8 mm***
- ***Kerzendraht, 1,8 mm stark***
- ***Gartenschere***
- ***Seitenschneider, alte Schere o. ä.***
- ***Heißklebepistole***

Schneiden Sie aus den Bienenwachswaben drei Tannen, einen Kometen (nach Vorlage), drei 7 cm lange und 4 cm breite Streifen sowie drei 7 cm lange und 2 cm breite Streifen. Rollen Sie die Streifen auf.
Dann binden Sie anhand der Beschreibung des Türkranzes (Seite 4) einen Adventskranz.

Binden Sie an das Ende eines Kerzendrahtes ein Stückchen Rundholz, stecken Sie dieses durch das Loch eines Tontopfes, und fixieren Sie es mit Heißkleber. So verfahren Sie mit allen Töpfen, bevor Sie jeweils zwei nebeneinander auf dem Adventskranz plazieren.

Drahten Sie an einem langen Golddraht Orangenscheiben, Apfelscheiben, Erdnüsse, Formen aus Bienenwachs, Hagebutten, Sternanis, Zimt und Trokkenfrüchte an, winden Sie den Golddraht mit den Dekoteilen um den Kranz. Dazwischen kleben Sie Erdnüsse, Baumrinde, Baumpilze, Kiefernzapfen, Dekoäpfel, Apfelscheiben, Orangenscheiben, Hagebutten und getrocknete Blätter.

Den Rebenstern mit Golddraht umwickeln, andrahten und am Kranz befestigen. Nun können Sie die Teelichter in die Tontöpfchen legen.

Apfelmännchen

Pro Männchen:

- ***Filz in Rot***
- ***Walnuß***
- ***Apfel***
- ***Watte***
- ***Zahnstocher***
- ***Lackstift in Weiß***
- ***Filzstifte in Schwarz und Rot***
- ***Nähseide in Rot***
- ***Nähnadel***
- ***Alleskleber***
- ***Haarspray***

Übertragen Sie die Form der Mütze und des Umhangs vom Vorlagenbogen auf den Filz, und schneiden Sie beide Teile aus. Kleben Sie die Mütze tütenförmig zusammen. Nehmen Sie den Umhang, und ziehen Sie entlang der geraden Kante einen Heftfaden durch.
Auf die Walnuß werden Augen und Nase gemalt, bevor Sie die Mütze festkleben. Als Mützenrand befestigen Sie etwas Watte.
Besprühen Sie Watte mit Haarspray, formen Sie daraus einen Schnurrbart und einen Backenbart, und kleben Sie die Bärte an der Walnuß fest.
Verbinden Sie den Walnußkopf und den Apfel mit einem Zahnstocher (jede Walnuß weist auf der abgeflachten Seite in der Mitte, an der die Walnußhälften aufeinandertreffen, ein winziges Löchlein auf).
Legen Sie den Umhang um den Apfel, kräuseln Sie den Filz zusammen, und binden Sie vorne den Faden zusammen. Fertig ist der kleine Wicht!

Weihnachtsmann mit Innenleben

Diesen Weihnachtsmann können Sie als Dekoration oder als Verpackung verwenden. Er bietet mit ca. 34 cm Höhe und 9 cm Durchmesser genügend Stauraum für Süßigkeiten oder kleinere Geschenke.

- ★ ***Tonkarton in Weiß, Rot und Aprikose***
- ★ ***Käseschachtel, ø 10 cm***
- ★ ***Jutegewebe in Natur***
- ★ ***Filzstift in Schwarz***
- ★ ***Bleistift***
- ★ ***Schere***
- ★ ***Cutter mit Schneideunterlage***
- ★ ***Lineal***
- ★ ***Alleskleber***

Übertragen Sie die Einzelteile vom Vorlagenbogen auf den farblich passenden Tonkarton, und schneiden Sie diese aus.
Kleben Sie die Mütze, den weißen Mützenpompon, das Haar-Bartteil, die Augenbrauen, die Nase, den Mund und den Schnurrbart auf den Kopf. Die Augen und die Mützenfalte malen Sie mit Filzstift auf.
Kleben Sie den roten Tonkarton zu einer Röhre zusammen, dabei sollte der Karton bis zur gestrichelten Linie überlappen. Anschließend wird diese Röhre mit dem Jutegewebe beklebt.
Verbinden Sie nun den Kopf und die Röhre mit einem Steg aus Tonkarton, so daß der Kopf die Röhre verschließt und sich wie ein Deckel aufklappen läßt. Den Steg innen an den höchsten Punkt der Röhre und auf der Rückseite des Kopfes oben an die Mütze kleben.
Zum Schluß bekleben Sie den Deckel einer Käseschachtel mit rotem Tonkarton und verschließen damit die Röhre von unten.

Girlande aus Tanne

- ***Weißtanne***
- ***Kiefernzapfen***
- ***Sisalschnur in Grün, z. B. 3,50 m lang***
- ***Bindedraht***
- ***Golddraht***
- ***Dekoband in Rot***
- ***Dekoteile aus Holz***
- ***Dekoäpfel***
- ***Je eine Lichterkette mit 50 und mit 30 Birnen***
- ***Gartenschere***
- ***Seitenschneider***
- ***Schere***

Schneiden Sie die Tannenzweige auf ein Länge von 15 cm. Bestimmen Sie nun die Länge Ihrer Girlande. Diese richtet sich danach, ob sie um den Handlauf eines Treppengeländers gewunden oder über einem Türrahmen dekoriert werden soll. Probieren Sie am besten mit der Sisalschnur aus, welche Länge Ihnen gefällt.
Dann wird die Girlande gebunden: Bei einem Handlauf zum Beispiel von einem Ende der Sisalschnur zum anderen, bei einer Tür von der Mitte zu beiden Enden (siehe Abbildung 1).

TIP *Sie können die Girlande auch von beiden Enden zur Mitte hin binden, wenn Sie schöne Enden haben möchten. Dann wird die Stelle oben in der Mitte, an der die Zweige zusammentreffen, durch eine große Schleife verdeckt.*

Nehmen Sie die Sisalschnur in die linke Hand, legen Sie einige zugeschnittene Zweige auf und ein paar unter die Schnur, und wickeln Sie den Bindedraht etwa 3 cm oberhalb der Abschnittstelle über die Zweige. Bringen Sie die nächsten Zweige ca. 3 cm weiter unten an (Abbildung 2). Das Grün jedesmal auf und unter der Sisalschnur anlegen, diese sollte immer von Zweigen bedeckt sein. Binden Sie so lange, bis die Schnur zu Ende ist. Wickeln Sie den Bindedraht mehrmals um das Ende der Zweige, zwicken Sie ihn mit dem Seitenschneider ab, und stecken Sie das Drahtende in den Wulst zurück.

Nun wird die Girlande geschmückt: Bringen Sie die Lichterketten an, dabei sollten Sie auf eine gleichmäßige Verteilung der Birnen achten. Nehmen Sie pro Schleife 60 cm Dekoband, legen Sie eine Schnürsenkelschleife, binden Sie die Schleife in der Mitte mit Golddraht zusammen, und befestigen Sie die Schleifen mit dem Golddraht in einem Abstand von 35 cm an der Girlande. Zwischen die Schleifen hängen Sie mit dem Golddraht Holzdekoteile, an den noch verbleibenden Golddrahtenden befestigen Sie Kiefernzapfen.
Dann wird die Girlande um den Handlauf geschlungen und mit Bindedraht daran festgebunden, über lange Haken zu beiden Seiten oberhalb der Tür gehängt oder mit eingeschlagenen Nägeln befestigt.

Weihnachtsgrüße

Mit Hilfe von Schablonen können auch Ungeübte Karten herstellen, die so manchem Empfänger ein überraschtes „Die hast du selbst gemacht?“ entlocken werden.
Der Fachhandel bietet eine Vielzahl von Schablonen, aus denen Sie Ihr persönliches Lieblingsmotiv wählen können. Ob für die Embossing- oder die Schabloniertechnik, bleibt Ihnen überlassen. Und natürlich auch, in welchen Farben Sie die Motive kolorieren.

Schablonierte Karte

- ★ ***Tonkarton in Weiß***
- ★ ***Schreibmaschinenpapier***
- ★ ***Messingschablone „Kerzengebinde“***
- ★ ***Schablonierfarbe in Rot, Gelb, Blau und Grün***
- ★ ***Schablonierpinsel***
- ★ ***Holzspatel***
- ★ ***Bleistift***
- ★ ***Schere***
- ★ ***Lineal***

Schneiden Sie aus Tonkarton eine Karte in der Größe 21 cm x 15 cm zu, und falzen Sie diese mit Hilfe einer Schere und eines Lineals in der Mitte. Legen Sie die Messingschablone auf das Deckblatt der Karte. Entfernen Sie mit einem Holzspatel die Haut der Schablonierfarbe, und stupfen Sie mehrmals mit dem Pinsel in die Farbe. Stupfen Sie das entsprechende Feld mit Farbe aus, decken Sie mit einem Blatt Papier die anderen Felder ab.
Wenn alle Öffnungen mit Farbe ausgefüllt sind, nehmen Sie die Schablone vorsichtig ab (die Farbe braucht 48 Stunden, bis sie ganz trocken ist). Anschließend können Sie mit dem Rest der Farbe, die noch im Pinsel ist, nochmals über die gesamte Karte stupfen: einmal mit Blau und einmal mit Grün. Auf diese Weise lassen sich auch kleine Flecken leicht kaschieren.

Rote Karte und Paketanhänger

- ★ ***Tonkarton in Rot***
- ★ ***Schreibmaschinenpapier***
- ★ ***Satinband in Rot, 3 mm breit***
- ★ ***Aquarellpapier, 200 g/m²***
- ★ ***Metallschablonen „Kerzengebinde“ und „Tannenbäumchen (mit Sternen)“***
- ★ ***Prägestifte, dick und dünn***
- ★ ***Leuchttisch oder Glastisch mit Lichtquelle von unten***
- ★ ***Buntstifte oder Aquarellstifte***
- ★ ***Bleistift***
- ★ ***Büttenrandschere***
- ★ ***Schere***
- ★ ***Lineal***
- ★ ***Alleskleber***
- ★ ***Wieder gut ablösbares Klebeband***

Für die Karte benötigen Sie ein Rechteck aus Tonkarton in der Größe 21 cm x 14,5 cm, für den Anhänger ein Rechteck in der Größe 18 cm x 9 cm. Falzen Sie die Rechtecke mit Hilfe einer Schere und eines Lineals genau in der Mitte. Binden Sie mit Satinband jeweils einen in der gleichen Größe zugeschnittenen und gefalzten Bogen Schreibmaschinenpapier ein.
Befestigen Sie die Metallschablone mit Klebestreifen seitenverkehrt auf dem Leuchttisch. Darüber kleben Sie ein Stück Aquarellpapier. Fahren Sie nun mit dem dünnen Prägestift entlang den Innenrändern der Schablone. Mit dem dicken Prägestift prägen Sie die restliche Öffnung. Nehmen Sie das Papier ab, drehen Sie es um, bemalen Sie das Motiv mit Bunt- oder Aquarellstiften, schneiden Sie es mit einer Büttenrandschere aus, und kleben Sie es auf die Vorderseite der gefalteten Karte.

Briefpapier mit Schneemann

Dieses individuelle Briefpapier ist auch in großen Mengen sehr schnell hergestellt.
Karten lassen sich auf diese Weise ebenfalls gestalten.

Briefpapier in Blau

- ***Klarsichthülle oder Kopierfolie***
- ***Weiße Farbe, z. B. Bastel- oder Dispersionsfarbe***
- ***Küchenschwamm***
- ***Folienschreiber***
- ***Cutter mit Schneideunterlage***
- ***Papier oder Küchenkrepp***

Übertragen Sie den Schneemann vom Vorlagenbogen auf die Folie, und schneiden Sie ihn aus. Auf diese Weise können Sie selbst eine Schablone erstellen. Legen Sie die Folie auf einen Bogen Briefpapier, tauchen Sie den Küchenschwamm in etwas Farbe. Es empfiehlt sich, den Schwamm erst auf Papier oder Küchenkrepp abzutupfen und die Konsistenz der Farbe zu prüfen, sie darf nicht zu flüssig sein. Dann tupfen Sie die Farbe auf die Öffnungen in der Schablone und übertragen so die Farbe auf das Briefpapier. Die Farbe trocknen lassen, fertig!

TIP *Dies ist auch eine tolle Technik für Kinder. Beim Herstellen der Schablonen sollten allerdings Erwachsene helfen. Sie können auch eigene Motive entwerfen und die Farben variieren.*

Weihnachtliche Tischdekoration

- ***Sternchen-Fotokarton in Grün***
- ***Elefantenpapier***
- ***Bleistift***
- ***Filzstift oder Goldstift***
- ***Bürotacker***
- ***Schere***
- ***Cutter mit Schneideunterlage***
- ***Lineal***
- ***Alleskleber***

Große Tanne

Übertragen Sie die große Tanne vom Vorlagenbogen dreimal auf Sternchen-Fotokarton, und schneiden Sie die Teile aus. Falzen Sie alle drei Tannen genau in der Mitte mit Hilfe einer Schere und eines Lineals. Heften Sie nun die drei Tannen mit einem Bürotacker genau in der Mitte aufeinander, und knicken Sie die Teile so auseinander, daß die Tanne gut auf dem Tisch steht.

Tischkarte

Übertragen Sie die beiden Tannenteile auf den Sternchen-Fotokarton, und schneiden Sie sie aus. Falzen Sie die Tanne mit den spitzen Enden mit Hilfe einer Schere und eines Lineals an der gestrichelten Linie, und kleben Sie diese von hinten als Stütze mittig an das zweite Tannenteil.

Schneiden Sie aus Elefantenpapier einen 1,8 cm breiten und 20 cm langen Streifen zu, beschriften Sie diesen, ziehen Sie die Streifenenden über eine Schere, damit sie sich aufrollen, und befestigen Sie den Streifen auf der Vorderseite der Tanne.

Serviettenhalter

Übertragen Sie die Form des Serviettenhalters vom Vorlagenbogen auf den Tonkarton, und schneiden Sie diesen aus. Den Halbkreis mit dem Cutter auf einer geeigneten Unterlage nachschneiden.
Falzen Sie die Tanne an den gestrichelten Linien, und klappen Sie sie hoch, bevor Sie die Serviette hineinschieben.

Adventsstrauß

- ★ ***Rebenkranz oder -zweige***
- ★ ***Weißtanne***
- ★ ***Buchs***
- ★ ***Thuja***
- ★ ***Baumefeu***
- ★ ***Blätter in Gold***
- ★ ***Eukalyptusfrüchte***
- ★ ***Dekoäpfel in drei Größen***
- ★ ***Kastanie***
- ★ ***Walnüsse***
- ★ ***Kiefernzapfen***
- ★ ***Zimtstangen***
- ★ ***Orangenscheiben***
- ★ ***Stoffpäckchen***
- ★ ***Stoffherzen***
- ★ ***Holzbündel***
- ★ ***Holzwolle in Natur***
- ★ ***Kokosfaser***
- ★ ***Bast in Natur***
- ★ ***Bindedraht***
- ★ ***Kerzendraht***
- ★ ***Steckdraht***
- ★ ***Golddraht***
- ★ ***Gartenschere***
- ★ ***Seitenschneider***
- ★ ***Schere***
- ★ ***Heißklebepistole***

Die Rebenzweige stammen von einem Rebenkranz, diesen aufschneiden und in Wasser einweichen. Binden Sie vier Rebenzweige zu einem Kranz von 25 cm Durchmesser zusammen, an vier Stellen drahten Sie Kerzendraht an. Das ist Ihr Grundgerüst.
Machen Sie aus der Holzwolle und der Kokosfaser kleine Bündelungen, und füllen Sie die Mitte des Kranzes damit aus. Alle Teile, die keinen Stiel haben, drahten Sie mit Steckdraht an. Die Zimtstangen werden vor dem Andrahten mit Golddraht gebündelt.
Stecken Sie in die Mitte den großen Apfel, daneben zwei mittlere Äpfel und rundum Buchszweige, Kokosfaser, Kiefernzapfen, Kastanie, Thujazweige, Walnüsse, Orangenscheiben, Tannenzweige, kleine Äpfel, Baumefeu, Holzbündel und Zimtstangen.
Den Bast stecken Sie seitlich ein, schlingen das Ende am Rand entlang und kleben das Ende unter die Zimtstangen. Kleinere Teile wie die Stoffteile, Blätter, Eukalyptusfrüchte oder kleinen Zapfen werden eingeklebt.
Decken Sie die Unterseite des Straußes mit Thujazweigen ab. Binden Sie die Stiele mit Bindedraht zusammen, und kürzen Sie diese unterhalb des Handballens.
Zum Schluß umwickeln Sie die Stiele mit naturfarbenem Bast.

Schneemänner als Anhänger

- ★ ***Tonkarton in Weiß, Schwarz, Orange, Dunkelblau, Grasgrün, Rot, Königsblau und Maisgelb***
- ★ ***Satinband in Rot, 3 mm breit***
- ★ ***Filzstift in Schwarz***
- ★ ***Lackstift in Weiß***
- ★ ***Bleistift***
- ★ ***Schere***
- ★ ***Alleskleber***

Übertragen Sie die Einzelteile der Schneemänner vom Vorlagenbogen auf den farblich passenden Tonkarton, und schneiden Sie alle Teile aus.
Kleben Sie den Hut bzw. die Mütze, die Nase, den Schal, das Paket und die Arme auf die Schneemänner. Die Augen und die Knöpfe werden aufgemalt. Als Aufhängung wird ein Satinband befestigt.

Schneemann mit Eichhörnchen

- ★ ***Tonkarton in Weiß, Schwarz, Dunkelblau, Rot, Orange, Orangegelb, Zitronengelb, Hellgrün, Hellblau, Rotbraun und Aprikose***
- ★ ***Filzstift in Schwarz***
- ★ ***Lackstift in Weiß***
- ★ ***Bleistift***
- ★ ***Schere***
- ★ ***Alleskleber***

Übertragen Sie die Einzelteile des Schneemanns und der Eichhörnchen vom Vorlagenbogen auf den farblich passenden Tonkarton, und schneiden Sie sie aus. Bekleben Sie den Schneemann mit Hut, Hutband, Nase, Schal, Knöpfen und den Eichhörnchen. Diese erhalten zuvor Augen, Innenohren und Schals und werden mit Filzstift bemalt. Augen und Mund des Schneemanns werden ebenfalls mit Filzstift aufgemalt. Die Lichtpunkte mit Lackstift auftupfen.

TIP *Für das Hutband und die Schals können Sie Tonkartonreste in beliebigen Farben verwenden.*

Dekorierter Korb

- ★ *Spankorb in Rot-Grün, ø 27 cm*
- ★ *Steckschaum*
- ★ *Thuja*
- ★ *Buchs*
- ★ *Baumefeu*
- ★ *Dekoäpfel*
- ★ *Orangenscheiben*
- ★ *Sternanis*
- ★ *Ingwer*
- ★ *Zimtstangen*
- ★ *Erdnüsse*
- ★ *Zwei Mooskränze*
- ★ *Pinienzapfen in Gold*
- ★ *Tannenzapfen in Gold*
- ★ *Zwei Kiefernrosen in Natur*
- ★ *Montageblumen, gebleicht*
- ★ *Holzsterne in Gold*
- ★ *Holzzug*
- ★ *Stumpenkerze in Rot, ø 6 cm, 6 cm hoch*
- ★ *Kerzendraht*
- ★ *Steckdraht*
- ★ *Golddraht*
- ★ *Gartenschere*
- ★ *Seitenschneider*
- ★ *Heißklebepistole*

Falls Sie keine fertigen Mooskränze bekommen, können Sie selbst welche aus Moos und Golddraht herstellen: Das Moos zu einer Wurst wickeln, Golddraht darüberbinden, beide Enden übereinanderlegen und den Kranz mit Golddraht schließen, die Golddrahtenden verknoten. Alle Teile mit Steckdraht andrahten. In die Kerzenunterseite drei Abschnitte Kerzendraht stecken.
Füllen Sie den Korb mit Steckschaum. Stecken Sie einen Mooskranz etwas versetzt zur Mitte des Korbes fest und einen vorne am Rand. In den Kranz in der Mitte stecken Sie die Stumpenkerze, aber nicht zu nah an den Henkel! Vorsicht beim Anzünden der Kerze, daß die Flamme nicht den Henkel des Korbes entzündet!
Rechts neben dem Mooskranz den großen Pinienzapfen einstecken, links neben dem Kranz zwei Kiefernrosen übereinander anbringen. Die Dekoäpfel in Gruppen verteilt im Korb befestigen.
Die Zimtstangen bündeln und dazwischen dekorieren. Den Tannenzapfen auf den vorderen Mooskranz kleben, daneben den Holzzug.
In die Zwischenräume werden Buchs-, Thuja- und Baumefeuzweige gesteckt. Orangenscheiben, Ingwer, Sternanis, Erdnüsse und Montageblumen werden dekorativ zwischen die bereits befestigten Materialien geklebt. Die Holzsterne am Rand des Korbes einstecken.

Lustiger Schneemann mit Knöpfen

- ***Bastelwellpappe in Weiß***
- ***Goldstreifen-Wellpappe in Schwarz***
- ***Filz in Rot***
- ***Stoffrest mit Weihnachtsmuster***
- ***Stoffrest in Rot mit weißen Punkten***
- ***Satinband in Rot, 3 mm breit***
- ***Je ein Pompon in Rot, ø 10 mm und 12 mm***
- ***Zwei Wackelaugen, ø 10 mm***
- ***Je ein Knopf in Blau und Rot, ø 14 mm***
- ***Zwei Knöpfe in Blau, ø 12 mm***
- ***Holzrundstab, ø 4 mm***
- ***Thuja***
- ***Bleistift***
- ***Schere oder Cutter mit Schneideunterlage***
- ***Alleskleber***
- ***Nadel und Nähseide***

Übertragen Sie die Körperteile des Schneemanns vom Vorlagenbogen auf die weiße Wellpappe und die Schuhe auf die Goldstreifen-Wellpappe. Schneiden Sie die Teile aus, und kleben Sie die Schuhe auf die Beine.
Schneiden Sie aus dem gepunkteten Stoff drei Streifen, je 3 cm lang und 2,6 cm breit. Diese falten Sie in der Mitte und kleben sie zusammen. Die drei Streifen sind nun 3 cm lang und 1,3 cm breit und werden von hinten als Verbindungen zwischen Kopf und Rumpf und zwischen Rumpf und Beinen aufgeklebt.
Die Mützenform wird auf Filz übertragen und ausgeschnitten. Den Rand zweimal ca. 1 cm nach oben falten und festkleben. Danach kleben Sie die Mütze tütenförmig zusammen, der Filz darf ca. 1 cm überlappen. Nähen Sie die Mütze oben mit Nähseide zusammen, und bringen Sie den Pompon an.
Nun schneiden Sie nach Vorlage einen Streifen Filz für den Schal zu, legen den Schal dem Schneemann um den Hals und befestigen ihn an der Wellpappe.
Kleben Sie die Mütze auf den Kopf, darunter die Augen und den kleinen Pompon als Nase.
Fixieren Sie mit Klebstoff kleine Thuja-Abschnitte an einem 6 cm langen Holzrundstab, wickeln Sie Satinband um die Enden, und kleben Sie den Besen an den rechten Arm des Schneemanns.
Schneiden Sie aus dem Weihnachtsstoff zwei 2,5 cm große Quadrate zu, kleben Sie diese mit zwei Knöpfen auf den Bauch des Schneemanns.
Zum Schluß wird jeder Schuh mit einem 1 cm großen Quadrat aus gepunktetem Stoff, einer kleinen Satinschleife und einem kleinem Knopf darauf verziert.

Silberne Karten

- ***Passepartoutkarten „Quadrat im Quadrat" in Silber***
- ***Messingschablone „Tannenbäumchen (mit Sternen)"***
- ***Schablonierfarbe in Gold***
- ***Schablonierpinsel***
- ***Bleistift***
- ***Radiergummi***
- ***Alleskleber***

Bei diesen Karten wird auf das Gegenblatt der Passepartoutkarte schabloniert (Anleitung zum Schablonieren Seite 14).
Übertragen Sie die Ausschnitte der Karte mit Bleistift auf das Gegenblatt, und schablonieren Sie die Tanne und die Sterne mit der Schablonierfarbe Gold in die aufgezeichneten Öffnungen.
Entfernen Sie mit einem Radiergummi die Bleistiftlinien, aber Vorsicht: nicht in die Schablonierfarbe kommen, sonst verwischt diese (sie braucht ca. 48 Stunden zum Trocknen)!
Kleben Sie das Gegenblatt so hinter die Karte, daß die Sterne und die Tanne genau in die Ausschnitte passen.

Dekorierte Kirchenkerzen

- ***Zwei Kirchenkerzen in Weiß***
- ***Taufkerze in Weiß***
- ***4,00 m Dekoband in Rot-Grün***
- ***Sternanis***
- ***Orangenscheiben***
- ***Apfelscheiben***
- ***Walnüsse***
- ***Dekoäpfel***
- ***Holzsterne in Gold***
- ***Evtl. Heißklebepistole***
- ***Doppelseitiges Klebeband***

Kleben Sie aus 20 cm Dekoband für die Kirchenkerzen je eine Schleife, diese wird mit Sternanis verziert. Legen Sie 1,20 m Dekoband um die Kerze, knoten Sie es zusammen, schlingen Sie den Rest des Bandes um die Kerze, und fixieren Sie es unten mit Klebstoff. Falls das Band nicht hält, zwischendurch etwas Klebeband anbringen. Bei der Taufkerze das Band nur um die Kerze schlingen, oben und unten mit Klebeband fixieren. Wenn Sie diese Kerzen auf einem Glasuntersetzer o. ä. mit Weißtanne, Buchs, Thuja und anderen oben angegebenen Materialien dekorieren, haben Sie im Handumdrehen ein ausgefallenes Adventsgesteck.

WICHTIG

Bitte lassen Sie Ihre Kerzen nie unbeaufsichtigt brennen, und schieben Sie das Dekoband rechtzeitig nach unten!

Tischlaterne

- ***Regenbogen-Fotokarton***
- ***Regenbogen-Transparentpapier***
- ***Bleistift***
- ***Evtl. Cutter mit Schneideunterlage***
- ***Schere***
- ***Lineal***
- ***Alleskleber***

Übertragen Sie die Laternenform vom Vorlagenbogen auf den gelb-grünen und die beiden Schleifenteile je viermal auf den blau-roten Bereich des Regenbogen-Fotokartons. Schneiden Sie die Schleifenteile aus, und kleben Sie sie aufeinander. Anschließend schneiden Sie die Tischlaterne aus und falzen diese an den bezeichneten Stellen (gestrichelte Linien) mit Hilfe einer Schere und eines Lineals. Knicken Sie die Klebelaschen nach innen, und bekleben Sie die Öffnungen von innen mit passend zugeschnittenem Regenbogen-Transparentpapier, bevor Sie die gefalteten Teile oben und unten seitlich zusammenkleben. Zum Schluß wird die Tischlaterne mit den vier zusammengefügten Schleifen jeweils übereck verziert.

Pop-up-Karte mit Weihnachtsmotiv

- ***Sternchen-Fotokarton in Blau***
- ***Regenbogen-Fotokarton***
- ***Evtl. Cutter mit Schneideunterlage***
- ***Bleistift***
- ***Schere***
- ***Lineal***
- ***Alleskleber***

Übertragen Sie die Kartenform mit dem Falzstreifen vom Vorlagenbogen auf Sternchen-Fotokarton (ca. 21,0 cm x 18,3 cm) und die Kartenform ohne den Falzstreifen auf den blau-lila-grünen Bereich des Regenbogen-Fotokartons (ca. 21,0 cm x 16,3 cm).
Falzen Sie den Sternchen-Fotokarton mit Hilfe einer Schere und eines Lineals an der bezeichneten Falzlinie, und kleben Sie das regenbogenfarbene Teil auf den schmalen, gefalzten Streifen.
Schneiden Sie den Esel, den Ochsen und den Kometen aus dem grün-gelben Bereich des Regenbogen-Fotokartons, die Krippe aus dem gelben, Maria und Josef aus dem gelb-orangefarbenen und den Stall aus dem lila-grünen Bereich.
Falzen Sie die Teile an den bezeichneten Stellen (gestrichelte Linien), knicken Sie die Klebelaschen um, und kleben Sie gemäß Vorlage zuerst den Stall mit dem Kometen, dann den Esel und dahinter Josef, Maria und die Krippe fest. Den Ochsen fixieren Sie dahinter.
Schneiden Sie kleine Stege aus Sternchen-Fotokarton nach Vorlage zu, falzen Sie diese an beiden Enden, und verbinden Sie mit Hilfe des angegebenen Stegs die Krippe mit dem Ochsen. Der Ochse, der Esel, Josef, Maria und der Stall werden mit einem Steg mit dem Sternchen-Fotokarton verbunden.

Glitzernder Baumschmuck

- ***Alu-3D-Colorwellpappe in Rot und Gold***
- ***Satinband in Rot, 3 mm breit***
- ***Bleistift***
- ***Schere oder Cutter mit Schneideunterlage***
- ***Alleskleber***

Übertragen Sie die Motive vom Vorlagenbogen auf die Rückseite der 3D-Colorwellpappe. Achten Sie dabei auf den Wellenverlauf der kleinen und der großen Teile eines Anhängers.
Schneiden Sie die Einzelteile aus. Kleben Sie die kleinen Sterne und Herzen auf die größeren Sterne und Herzen, jeder Vogel bekommt einen Flügel. Auf die Rückseite kleben Sie als Aufhängung doppelt gelegtes Satinband.

TIP *Die Anhänger können Sie auch aus anderen Materialien, z. B. herkömmlicher 3D-Colorwellpappe oder Alu-Bastelkarton, herstellen.*

Geschmückter Tannenbaum

- ***Künstliche Tanne***
- ***Keramiktopf in Weiß-Gold***
- ***Steckschaum***
- ***Lichterkette mit 50 Kerzen***
- ***Dekoband mit Sternen in Rot, 40 mm breit***
- ***Golddraht***
- ***Anhänger aus Alu-3D-Colorwellpappe***

Füllen Sie den Keramiktopf mit Steckschaum, in diesen stellen Sie die künstliche Tanne.
Dann wird die Lichterkette angebracht. Beginnen Sie oben am Baum, und befestigen Sie die einzelnen Kerzen rund herum an den Tannenzweigen.
Binden Sie aus je 60 cm Dekoband Schleifen.
Diese werden in der Mitte mit Golddraht abgebunden und damit an den Zweigen der Tanne befestigt. Dazwischen hängen Sie die selbstgemachten Anhänger (Anleitung linke Spalte).

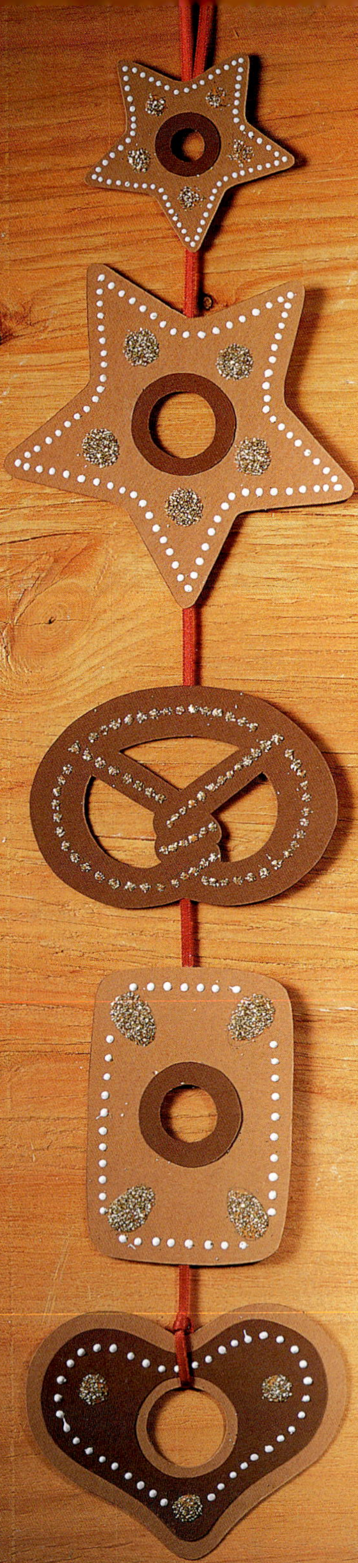

Lebkuchenkette

- ***Tonkarton in Mittel- und Dunkelbraun***
- ***Dekoband in Rot, 3 mm breit***
- ***Pluster-Pen in Weiß***
- ***Glitter in Gold***
- ***Bleistift***
- ***Evtl. Cutter mit Schneideunterlage***
- ***Schere***

Übertragen Sie die Motive vom Vorlagenbogen auf den farblich passenden Tonkarton, schneiden Sie die Teile aus, kleben Sie diese aufeinander, und bemalen Sie sie mit Pluster-Pen. In den noch nassen Pluster-Pen streuen Sie bei einigen Motiven Glitter. Lassen Sie die Farbe gut trocknen, bevor Sie die Teile untereinanderhängen.

TIP *Die Motive der Lebkuchenkette können Sie auch einzeln als Baumschmuck verwenden.*